まちごとアジア

バゲルハット
Bangladesh 003 Bagerhat

密林にたたずむ「モスク都市」

বাগেরহাট

Asia City Guide Production

【白地図】バングラデシュ

バングラデシュ

白地図

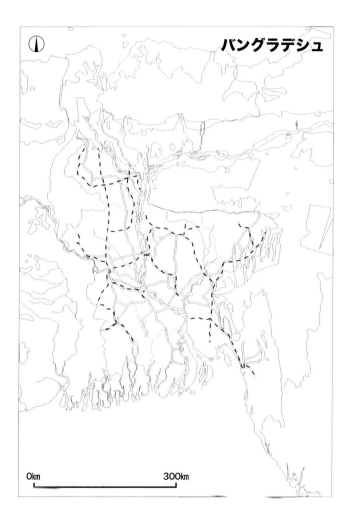

【白地図】クルナ管区南部

ASIA
バングラ

クルナ管区 南部

Bagerhat

白地図

【白地図】バゲルハット

ASIA
バングラ

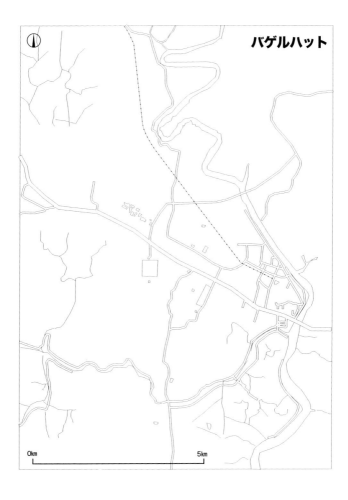

【白地図】バゲルハット現在の街

ASIA
バングラ

【白地図】バゲルハット西群

ASIA
バングラ

バゲルハット西群

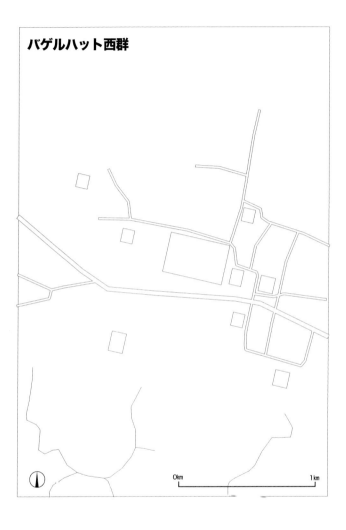

【白地図】バゲルハット東群

ASIA
バングラ

【白地図】ハーン・ジャハンアリ廟

ASIA
バングラ

ハーン・ジャハン
アリ廟

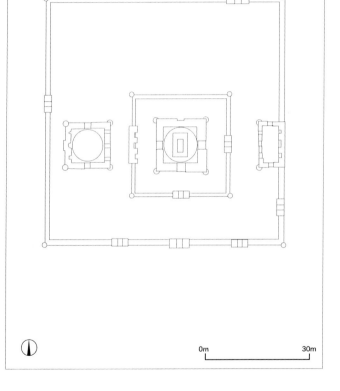

0m　30m

【白地図】クルナ

ASIA
バングラ

【白地図】クルナ中心部

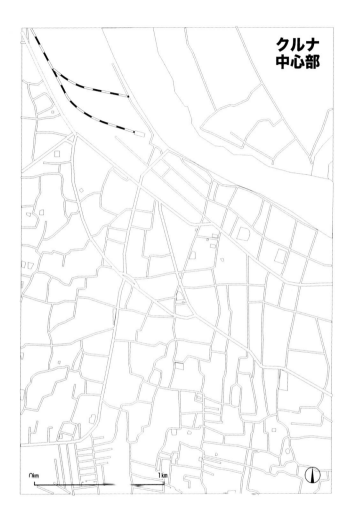

【白地図】中世（12〜13世紀）ゴール朝の南アジア侵入

ASIA
バングラ

中世（12〜13世紀）
ゴール朝の南アジア侵入

ベンガル地方と分割線
1931年イギリス統治下のベンガル州

Bagerhat 白地図

【まちごとアジア】

バングラデシュ001 はじめてのバングラデシュ

バングラデシュ002 ダッカ

バングラデシュ003 バゲルハット（クルナ）

バングラデシュ004 シュンドルボン

バングラデシュ005 プティア

バングラデシュ006 モハスタン（ボグラ）

バングラデシュ007 パハルプール

ASIA
バングラ

　ングラデシュ第3の都市クルナの南東20km、森のなかにたたずむバゲルハット。ここには中世に造営されたモスクや宮殿跡、霊廟、貯水池、橋が残り、「バゲルハットのモスク都市」として世界遺産に指定されている（今なお住民によって使用される「生きた遺跡」となっている）。

　バゲルハットとは「トラたちの住処」を意味し、古くこの地は深い緑におおわれ、ほとんど文明の行き届かない密林地帯が広がっていた。15世紀、ベンガル地方にイスラム教が広がるなかで、トルコ人武将のハーン・ジャハン・アリが森を

Bagerhat バゲルハット বাগেরহাট

切り開いて街を造営し、バゲルハットを中心にバングラデシュ南西部に勢力を確立した。

　この街には360ものモスクがあると言われ、ダッカをのぞけばベンガル地方随一のモスク都市として繁栄を見せていた。ハーン・ジャハン・アリの死後、街は衰退したが、やがて彼はイスラム聖者として信仰を集めるようになった。モスク都市近くを流れていたバイラブ川は流れを変え、新しい川筋に今の街が築かれている。

【まちごとアジア】
バングラデシュ 003 バゲルハット

目次

バゲルハット	xxii
密林のモスク都市	xxviii
バゲルハット城市案内	xxxix
西群鑑賞案内	xliii
ベンガル建築×イスラム	liii
東群鑑賞案内	lix
クルナ城市案内	lxxi
イスラム教とベンガル	lxxxi

【MEMO】

Bagerhat

バゲルハット

【地図】バングラデシュ

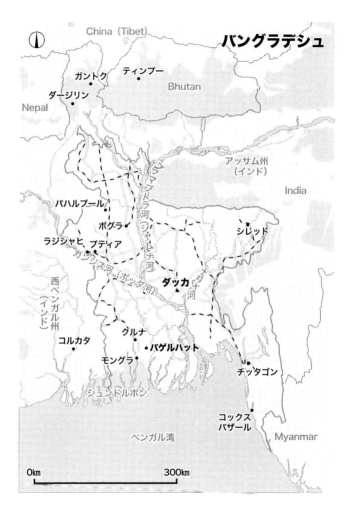

密林の
モスク
都市

ASIA
バングラ

シュンドルボンと呼ばれた深い森
そこを切り開いてつくられたレンガづくりのモスク群
バングラデシュの世界遺産、バゲルハット

バゲルハットその位置

バゲルハットは、首都ダッカの南西140km、ガンジス水系が運ぶ堆積物がつくった湿地帯に位置する。ここはかつてベンガル湾へと続く森シュンドルボンが茂っていた場所で、中世以来、開拓が進むようになった（現在でもバゲルハットの南20kmにはシュンドルボンが広がっている）。この地には15世紀にモスク都市が建設される以前の10世紀ごろのヒンドゥー教や仏教などの遺跡も残り、ベンガル湾に通じる交易拠点だったことがわかっている。またモスク都市の周囲には城壁が見られず、ジャングルが外部とこの街とをわけていた

Bagerhat 密林のモスク都市

と考えられる。

シュンドルボンの開拓領主

マングローブが生い茂り、トラやワニの跋扈するジャングルを切り開いたのが、トルコ人武将ハーン・ジャハン・アリ（ペルシャ系とも言われる）とその一族で、現在でもバゲルハットの開拓者、イスラム聖者として信仰を集めている。13世紀以来、イスラム王朝がデリーに樹立され、その勢力はベンガル地方にもおよぶようになっていた。こうしたなかバゲルハットのモスク都市は、スルタン・ナシルッディン・マフムー

ASIA
バングラ

ド・シャーが統治する時代(1442〜59年)に造営された。ハーン・ジャハン・アリはそれまで衣服を身にまとうことすらなかったこの地の人々を教化し、イスラム教を伝え、道路や水利施設の整備が進んだという。

モスク都市

ハーン・ジャハン・アリは、この地に「360のモスクを建て、360の池を掘り、360の聖者廟を建立した」と伝えられる。現在もモスク、聖者廟、宮殿跡、貯水池など50以上の遺構が残り(なかでも9つの建物が比較的、保存状態がよい)、

▲左　繰り返しアーチが続くイスラム建築。　▲右　密林の広がるなかトルコ人武将が開拓を進めた

都市構造の完成度の高さでも知られる。遺構は東西6km、南北3kmの範囲に分布するが、大きくサイト・グンバズ・モスクのある西群、ハーン・ジャハン・アリ廟のある東群からなり、両者のあいだは2kmほど離れている。「ダッカ以外ではもっともモスクの多い街だ」と言われ、かつてはカリファバードとも呼ばれていた。ハーン・ジャハン・アリの死後に衰退し、18世紀まで存続したあと、バイラブ川の流れが変わったため放棄された。1985年、パハルプールとともに世界遺産に登録されることになった。

【地図】クルナ管区南部

【地図】クルナ管区南部の [★★★]
- [ ] バゲルハット Bagerhat

【地図】クルナ管区南部の [★★☆]
- [ ] コドラモット Kodla Math
- [ ] クルナ Khulna

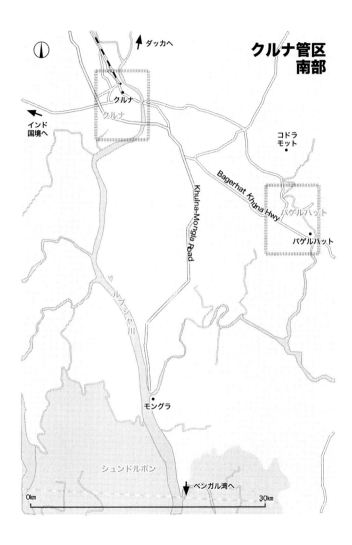

【地図】バゲルハット

【地図】バゲルハットの [★★★]
- [ ] サイト・グンバズ・モスク Saith Gumbad Masjid

【地図】バゲルハットの [★★☆]
- [ ] ハーン・ジャハン・アリ廟
    Mausoleum of Khan Jahan Ali

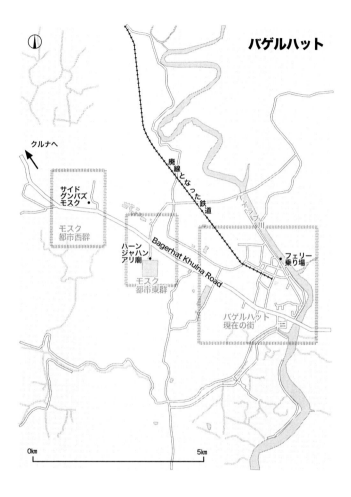

【MEMO】

ASIA
バングラ

【MEMO】

Guide, Bagerhat
バゲルハット城市案内

クルナから南東へ 20 km
モスク都市への足がかりとなるバゲルハットの街
世界遺産を抱えながらも、のんびりとした雰囲気をしている

現在の街

中世にはモスク都市の近くを流れていたバイラブ川はやがて流路を変えることになった。流路変更とともに、人々はモスク都市から5kmほど東に離れた河畔の地に新しい街をつくり、これが現在のバゲルハットの街となっている。洪水を繰り返し、上流からの土砂が堆積するバングラデシュの国土から、かつての遺構がこのあたり一帯の地中に埋まっているとも推測されている。街の周囲ではシュンドルボンの面影を残すジャングルと、人々によって開拓された農地が見られる。

【地図】バゲルハット現在の街

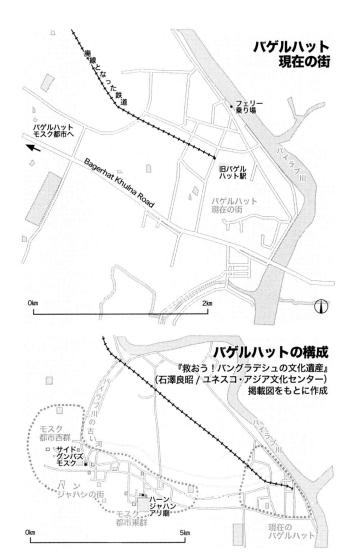

【MEMO】

ASIA
バングラ

Guide,
Bagerhat West Group
西群
鑑賞案内

屋根にいくつものドームを載せるサイト・グンバズ・モスク
ベンガルとイスラムの建築がいりまじった
イスラム世界でも類を見ない様式をもつ

サイト・グンバズ・モスク Saith Gumbad Masjid ［★★★］

バゲルハット西群の中心的な存在となっているサイト・グンバズ・モスク。「60のドームをもつモスク」を意味し、湾曲屋根に半球形のドームがいくつもならぶ様式となっている（実際の数は77で、四方のミナレットをあわせると81になる）。バングラデシュでも最大級の東西48m、南北32.5mの規模をもち、東側間口には連続する11のアーチ、南北には7つのアーチが見られる。四方に高さ12mのミナレットを付設し、モスク内部の壁面と天井にはテラコッタ・パネルが、西側内部の壁面には10のミフラーブがほどこされてい

【地図】バゲルハット西群

【地図】バゲルハット西群の [★★★]
- [ ] サイト・グンバズ・モスク Saith Gumbad Masjid

【地図】バゲルハット西群の [★★☆]
- [ ] シンガー・モスク Singar Masjid
- [ ] ビビベグニ・モスク Bibi Begni Masjid
- [ ] チュナホラ・モスク Chunakhola Masjid

【地図】バゲルハット西群の [★☆☆]
- [ ] バゲルハット博物館 Bagerhat Museum
- [ ] ゴーラ湖 Gola Tank
- [ ] ハーン・ジャハーン宮殿跡 Palace of Khan Jahan Ali

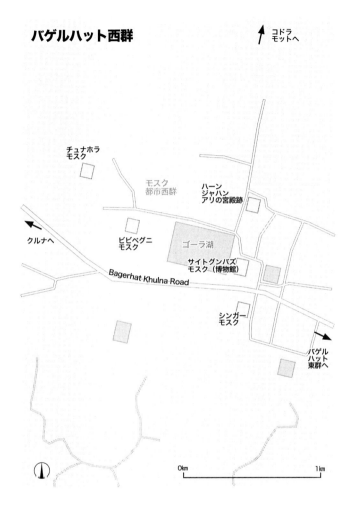

ASIA
バングラ

る。レンガをもちいたこの地方独特の建築様式となっていて、礼拝堂内部の柱や正面入口上部の花弁文様にヒンドゥー教の影響が見られるという。また現在も生きたモスクとして使われていて、金曜日には集団礼拝が行なわれている。

バゲルハット博物館 Bagerhat Museum ［★☆☆］
バゲルハットで見られるテラコッタ装飾や資料を展示するバゲルハット博物館。印象的な黄色の外観をしている。

▲左　四方のミナレットは本体と合体している。　▲右　正面から見たサイト・グンバズ・モスク

ゴーラ湖 Gola Tank ［★☆☆］

サイト・グンバズ・モスクの西側に広がる貯水池ゴーラ湖。東西400m、南北250mの広さをもち、細い川が無数に走る湿地帯にあって、洪水からモスクを守り、また乾季へ水を備える役割を果たしていた。ガートと呼ばれる石段で沐浴したり、洗濯する人々の姿が見られる。

ハーン・ジャハーン宮殿跡
Palace of Khan Jahan Ali ［★☆☆］

サイト・グンバズ・モスクの北側には、多くの廃墟が残って

ASIA
バングラ

いて、シュンドルボンを開拓し、バゲルハットの街を築いたハーン・ジャハン・アリの宮殿がおかれていた。この領主に関する記録は少ないが、15世紀にバゲルハットを中心に、クルナ、ジェソール、バリサルなどのバングラデシュ南西部一帯に勢力を築いていたという。自分の名を刻んだ貨幣は鋳造せず、スルタンとも名乗っていないことから、ベンガルの地方政権だったと見られる。ベンガル湾に通じる地の利から河川交通によってモスリン生地などの交易をとりもち、この時代に敷かれたレンガの道路は、ゴウルやチッタゴンにもつながっていた。

▲左　バゲルハットは生きた遺跡、礼拝が行なわれていた。　▲右　サイト・グンバズ・モスクに隣接するバゲルハット博物館

シンガー・モスク Singar Masjid［★★☆］

バゲルハットの街とモスク都市を結ぶ幹線沿いに位置するシンガー・モスク。ちょうどバゲルハット遺跡西群の入口にあたり、単一ドームをいただく様式をもっている。ミフラーブには美しい装飾がほどこされている。

ビビベグニ・モスク Bibi Begni Masjid［★★☆］

ゴーラ湖の西側に位置するビビ・ベグニ・モスク。シンガー・モスクと同じくレンガづくりの本体のうえに単一ドームを載せる様式となっている。

チュナホラ・モスク Chunakhola Masjid ［★★☆］

バゲルハットの遺跡群のなかでももっとも西に位置するチュナホラ・モスク。四方を厚い壁でおおわれた正方形の本体のうえにドームが載る。

コドラモット Kodla Math ［★★☆］

モスク都市から北10kmに位置するヒンドゥー寺院コドラモット。17世紀、ヒマラヤをイメージしたインドのシッカーラ様式で建てられ、素材にはレンガが使われている。高さ20m弱。

【MEMO】

ベンガル建築×イスラム

激しい雨季をもつベンガル地方
西方から伝えられたイスラム様式と
土着の建築が融合してバゲルハットは完成した

バゲルハットの建築様式

15世紀に建てられたバゲルハットの建築群は、同時代にデリーにあったトゥグルク朝とベンガル地方の様式を折衷した独特の姿を見せ、一般的にハーン・ジャハン様式と呼ばれる。15〜16世紀にベンガルの都パンドゥアやガウルで建てられたものよりも重厚なつくりをし、サイト・グンバズ・モスクの壁面のレンガは2.5mの厚さをもつ。本体上部の湾曲屋根には単一、もしくは多ドームが載り、四隅には円筒形のミナレットが立っている。壁面はテラコッタ製（粘土を焼いたもの）パネルでおおわれ、装飾されている。こうしたバゲルハッ

ASIA
バングラ

▲左　プティアのヒンドゥー寺院、宗教に関係なく湾曲屋根が見られる。
▲右　ムガル帝国治下、この様式はアーグラにも伝えられた

トの様式はイスラム圏のなかでも特筆すべき建築にあげられる。

ベンガル地方で育まれた建築

モンスーンの影響を強く受け、堆積土のうえに広がるベンガル地方の環境から、この地では独特の建築様式が生まれることになった。特徴のひとつが、屋根の四隅が垂れ下がった湾曲屋根で、これは雨を効率的に落とすことから考えられたという（民家では木と竹をもちいて弓型となっている）。この様式は16世紀、ベンガル地方をその勢力下においたムガル

【MEMO】

帝国によって北インドに伝えられ、アーグラやラジャスタンなどでも見られるようになった。またベンガル地方はガンジス河などの堆積物でつくられた沖積平野のため石材はほとんどとられず、レンガが素材にもちいられている。

遺跡を次世代へ

多雨で湿気の高い気候、洪水や地面からわきでる塩分による被害、くわえて盗掘やレンガの採取などで破壊が進み、バゲルハットの保存は重要課題となっていた。1971年、バングラデシュは独立したものの、貧困問題などほかに優先される

▲左 ここは観光地でもあり、巡礼地でもある。　▲右 バゲルハットで暮らす人々

ものが多く、文化、観光といった分野に力がそそがれてこなかった。そんななか20世紀後半からバゲルハットのモスク都市の価値が再認識されるようになっている。このモスク都市は、単なる遺跡ではなく、現在も信仰対象となっているところから、廟を管理する人、修復にあたる大工職人などが周辺に暮らしている。

Bagerhat　ベンガル建築×イスラム

【MEMO】

Guide,
Bagerhat East Group
東群
鑑賞案内

バゲルハットを開拓したハーン・ジャハーン
地方領主として勢力をほこったあと
イスラム聖者として信仰を集めるようになった

ハーン・ジャハン・アリ廟
Mausoleum of Khan Jahan Ali [★★☆]

バゲルハット東群の中心をしめるハーン・ジャハン・アリ廟。中世以来（13〜16世紀）、デリーを中心にしてインドにイスラム政権が樹立され、15世紀、ハーン・ジャハン・アリは当時辺境だったこの地を開拓し、モスク都市が造営された。ハーン・ジャハン・アリの死後、街は急速に衰退したが、この地にイスラム教と文明をもたらした聖者として信仰を集めるようになった（1459年になくなっている）。周囲を二重の低い壁で囲まれた霊廟は一辺13.5mのプランをもち、厚さ

【地図】バゲルハット東群

【地図】バゲルハット東群の [★★☆]
- [ ] ハーン・ジャハン・アリ廟 Mausoleum of Khan Jahan Ali
- [ ] ハーン・ジャハン・アリ廟のモスク Khan Jahan Ali Masjid
- [ ] 9ドーム・モスク Nay Gumbad Masjid

【地図】バゲルハット東群の [★☆☆]
- [ ] タクル池 Takur Tank
- [ ] レザ・ホダ・モスク Rezakodha Masjid
- [ ] ランヴィジョイブル・モスク Ronvijoypur Masjid

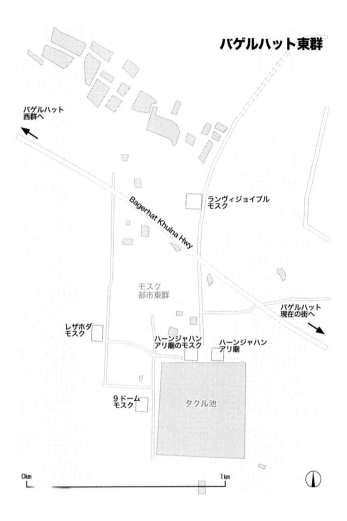

【地図】ハーン・ジャハンアリ廟の [★★☆]

- [ ] ハーン・ジャハン・アリ廟
  Mausoleum of Khan Jahan Ali
- [ ] ハーン・ジャハン・アリ廟のモスク
  Khan Jahan Ali Masjid

ハーン・ジャハン
アリ廟

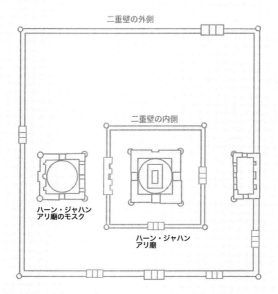

2.5mの壁でおおわれている。なかには墓石がおかれているが、かつてこの基壇と墓石はさまざまな色で装飾されていたという。

世界遺産で信仰が息づく

バゲルハット西群のサイト・グンバズ・モスクは現在でも礼拝堂として使用され、東群のハーン・ジャハン・アリ廟はバングラデシュのなかでも有数の巡礼者を集めている。この聖者廟はイスラム聖者の一族によって管理されていて、15世紀にハーン・ジャハン・アリの従者としてこの地にやってき

▲左 ハーン・ジャハン・アリのモスク、ドームを載せる。　▲右 モスク都市を造営したハーン・ジャハン・アリ廟

た一族の末裔だとも言われる（諸説あり）。

ハーン・ジャハン・アリ廟のモスク
Khan Jahan Ali Masjid ［★★☆］

ハーン・ジャハン・アリ廟の敷地内に敷設されたモスク。霊廟の後方にあり、単一ドームを載せた様式となっている。東側の正面に3ヵ所の入口をもち、それぞれの先にミフラーブ（計3ツ）が見られる。

タクル池 Takur Tank ［★☆☆］

ハーン・ジャハーン廟の南側に広がるタクル池。モスク都市がつくられたときに開削されたもので、この街の貯水池の役割を果たしていた。タクル池で見られるワニは、ハーン・ジャハンの教えを聞いて弟子になった2匹のワニを子孫にもつのだという（人間が危害をあたえないかぎり、人をおそうことはないと言われる）。子宝、病気治癒、商売繁盛などを願う人々が、ワニにニワトリやヤギを捧げるといった光景が見られる。

▲左 モスク都市を訪れていた親子。　▲右 タクル池のワニ

9ドーム・モスク Nay Gumbad Masjid ［★★☆］

タクル池の西側に立つ9ドーム・モスク。9つのドームをもつことからその名前がつけられた。唐草文様などで装飾されたミフラーブをもつ。

レザ・ホダ・モスク Rezakodha Masjid ［★☆☆］

ハーン・ジャハン・アリ廟のちょうど西側に立つレザ・ホダ・モスク。6つのドームをもつ多ドーム式のモスクだったが、破壊が進んでいて、ドームを支えていた円柱が見られる。

ランヴィジョイブル・モスク Ronvijoypur Masjid ［★☆☆］

ハーン・ジャハン・アリ廟から北1kmに位置するランヴィジョイブル・モスク。ゆるやかな10のドームをもつところから、10ドーム・モスクとも呼ばれる。本体上方に載るドーム屋根の直径は10.8mになり、単一ドームのしたに本体すべてがおおわれるモスクのなかでは、バングラデシュ最大規模となっている。

【MEMO】

Guide, Khulna
クルナ城市案内

バゲルハットとシュンドルボン
ふたつの世界遺産への足がかりとなる街クルナ
バングラデシュ第3の規模を誇る経済都市でもある

クルナ Khulna ［★★☆］

バングラデシュ南西部に位置するクルナは、ダッカ、チッタゴンにつぐ第3の都で、クルナ管区の中心都市となっている。この街の最大の特徴は、ルプシャ川を通じてベンガル湾へつながる港町モングラ、インドへの起点ジョソールに近い地理をもつところで、その経済的潜在性から急速な開発が進んでいる。またバングラデシュを代表する都会でありながら、どこかのんびりとした風景が見られる。

【地図】クルナ

【地図】クルナの [★★☆]
- クルナ Khulna

【地図】クルナの [★☆☆]
- ハーン・ジャハン・アリ橋 Khan Jahan Ali Bridge

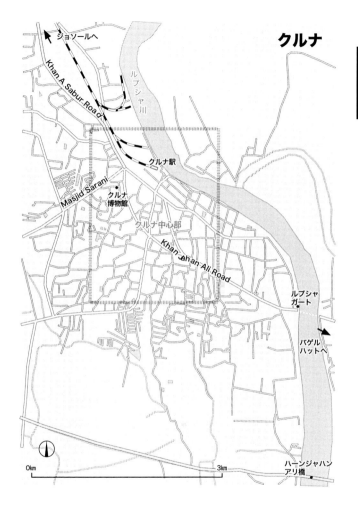

【地図】クルナ中心部の [★★☆]

☐ クルナ Khulna

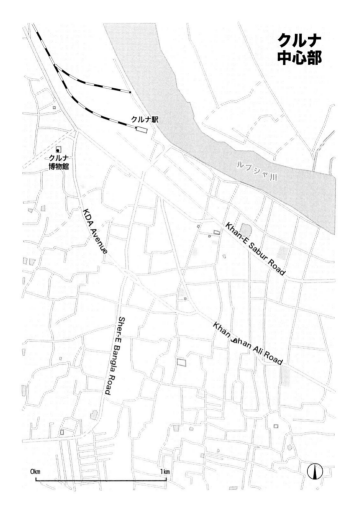

ASIA
バングラ

移動手段は船

小さな河川や水路が網の目のようにはりめぐらされたバングラデシュでは、船が貴重な移動手段となる。クルナ市街の東側にはルプシャ川が流れ、ロケット・スチーマーと呼ばれる客船がダッカとクルナのあいだを結んでいる(バングラデシュでは河川沿いの主要都市は水路で結ばれている)。雨季には多くの土地が水没することから、ロケット・スチーマーのような大型船のほかに、小さなボートも生活にはかかせない。

▲左　クルナはダッカ、チッタゴンにつぐ都市。　▲右　船で都市間を移動する

ふたつの世界遺産へ

多雨で国土の地形が毎年のように変わる環境をもつバングラデシュでは、遺跡の保存がきわめて難しく、多くの遺構が海水に浸水されたり、ガンジス河、ブラマプトラ河の運ぶ土砂に埋もれるという状況だった。そのようななかバゲルハットとシュンドルボンというふたつの世界遺産がクルナ管区に位置し、クルナはその足がかりとなっている。

ASIA
バングラ

ハーン・ジャハン・アリ橋 Khan Jahan Ali Bridge ［★☆☆］

クルナを流れるルプシャ川に架かるハーン・ジャハン・アリ橋。バゲルハットへと続くこの橋は日本の援助もあって2005年に完成し、15世紀にバゲルハットのモスク都市を造営したハーン・ジャハン・アリの名前がつけられている。全長1400mで、クルナとその東部の往来が容易になった。

【MEMO】

イスラム教とベンガル

古くから土着の信仰があり
かつては仏教も栄えていた風土
この地では中世以来イスラム教が浸透するようになった

インドのイスラム化

イスラム教が南アジアに本格的に広まるようになったのは、12世紀にゴール朝が中央アジアから侵入して、その一派がデリーに王朝を樹立したことにはじまる（以後、デリー・サルタナット朝、ムガル帝国とイスラム王朝が19世紀まで存在した）。ゴール朝の武将バフティヤール・ハルジーは地元勢力を武力で制圧しながら、北インドを東へ進み、ついにベンガル地方に達した。中世以前、仏教やヒンドゥー教が繁栄していたベンガル地方にも、このとき以来、イスラム教が浸透するようになった。20世紀、「インドのイスラム教国」東

西パキスタンが英領インドから分離独立した遠因もこの時代にまでさかのぼることができる。

ベンガルのイスラム勢力

ベンガル地方の北部と西部は、1204年にイスラム勢力の支配下に入ったが、インド中央部のデリーとは文化も言語も大きく異なるこの地では独立的なイスラム王朝が続くことになった（デリーの王朝は1398年のティムールの侵入などもあり、全インドに勢力を広げられなかった）。ベンガルのイスラム勢力と、中央のデリー・サルタナット朝は対立するこ

▲左　ルンギという民族衣装を巻きつけた少年。　▲右　らくだをひくパキスタンのイスラム教徒

ともしばしばで、1576年、ムガル帝国のアクバル帝によってベンガルが征服されたことでようやくその状態は解消された。東ベンガルではショナルガオンがイスラム勢力の中心地だったが、やがて1608年、ムガル帝国の太守によって、そのすぐ西のダッカに拠点がつくられた。1704年、首都が西ベンガルのムルシダバードに遷されるまで、ダッカはベンガルの中心地となっていた。

【MEMO】

ASIA
バングラ

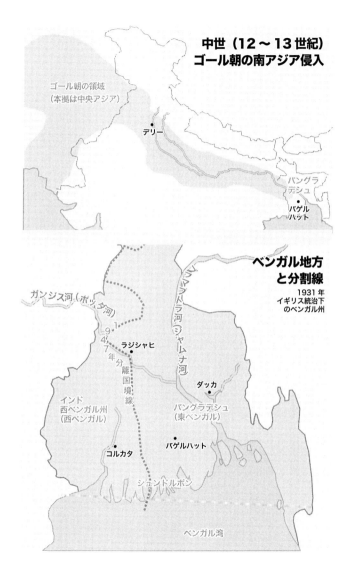

ASIA
バングラ

イスラム聖者への信仰

バングラデシュのイスラム教の特徴として、聖者への信仰があげられる。南アジアへイスラム教が浸透するにあたっては、イスラム聖者による布教がもっとも大きな成果をあげたと言われている。アラブなどの西方でイスラム教の修行を積んだ多くの聖者が、南アジアへ移住して庵を結び、人々にイスラム教の教えを説いた。こうして中世以降、多くのベンガル人がイスラム教へ改宗したが、バゲルハットの開発領主ハーン・ジャハン・アリもイスラム教をこの地へもたらした聖者と位置づけられるようになった。

イスラム教とベンガル | Bagerhat

バゲルハットの衰退

15世紀に繁栄したモスク都市バゲルハットは、1459年に領主ハーン・ジャハン・アリが没すると衰退するようになった。1516年にはバゲルハットをふくむバングラデシュ南西部はガウル（西ベンガル）に首都をおくフセイン・シャーヒ朝の支配下に入ったため、実質、このモスク都市が繁栄していたのはごくわずかな期間だったと見られている。18世紀後半にはベンガル地方の首都はムルシダバードにあって、バゲルハットはその太守（ナワーブ）の管轄する一領地となり、その後、イギリス東インド会社の領土にくみ込まれた。やがて

ASIA
バングラ

　バイラブ川が流路を変えたところから、モスク都市は放棄され、バゲルハットは密林におおわれるようになっていた。イギリス統治、東パキスタン時代にサイト・グンバズ・モスクなどは補修されているが、本格的な保存の動きはバングラデシュが独立し、世界遺産に指定されて以降のことになる。

Bagerhat

イスラム教とベンガル

【MEMO】

【MEMO】

【MEMO】

【MEMO】

参考文献
___

『聖者たちの国へ』(外川昌彦 / 日本放送出版協会)

『ユネスコ世界遺産⑤インド亜大陸』(ユネスコ世界遺産センター / 講談社)

『救おう!バングラデシュの文化遺産』(石澤良昭 / ユネスコ・アジア文化センター)

『黄金のベンガル』(ユネスコ・アジア文化センター)

『遡河』(遡河編集部編)

『世界大百科事典』(平凡社)

まちごとパブリッシングの旅行ガイド

Machigoto INDIA , Machigoto ASIA , Machigoto CHINA

【北インド - まちごとインド】

001 はじめての北インド
002 はじめてのデリー
003 オールド・デリー
004 ニュー・デリー
005 南デリー
012 アーグラ
013 ファテープル・シークリー
014 バラナシ
015 サールナート
022 カージュラホ
032 アムリトサル

【西インド - まちごとインド】

001 はじめてのラジャスタン
002 ジャイプル
003 ジョードプル
004 ジャイサルメール
005 ウダイプル
006 アジメール（プシュカル）
007 ビカネール
008 シェカワティ
011 はじめてのマハラシュトラ
012 ムンバイ
013 プネー
014 アウランガバード
015 エローラ
016 アジャンタ
021 はじめてのグジャラート
022 アーメダバード
023 ヴァドダラー（チャンパネール）
024 ブジ（カッチ地方）

【東インド - まちごとインド】

002 コルカタ
012 ブッダガヤ

【南インド - まちごとインド】

001 はじめてのタミルナードゥ
002 チェンナイ
003 カーンチプラム
004 マハーバリプラム
005 タンジャヴール
006 クンバコナムとカーヴェリー・デルタ
007 ティルチラパッリ
008 マドゥライ
009 ラーメシュワラム
010 カニャークマリ
021 はじめてのケーララ
022 ティルヴァナンタプラム
023 バックウォーター（コッラム〜アラップーザ）
024 コーチ（コーチン）
025 トリシュール

【ネパール - まちごとアジア】

001 はじめてのカトマンズ
002 カトマンズ
003 スワヤンブナート

004 パタン
005 バクタプル
006 ポカラ
007 ルンビニ
008 チトワン国立公園

【バングラデシュ - まちごとアジア】

001 はじめてのバングラデシュ
002 ダッカ
003 バゲルハット（クルナ）
004 シュンドルボン
005 プティア
006 モハスタン（ボグラ）
007 パハルプール

【パキスタン - まちごとアジア】

002 フンザ
003 ギルギット（KKH）
004 ラホール
005 ハラッパ
006 ムルタン

【イラン - まちごとアジア】

001 はじめてのイラン
002 テヘラン
003 イスファハン
004 シーフーズ
005 ペルセポリス
006 パサルガダエ（ナグシェ・ロスタム）
007 ヤズド
008 チョガ・ザンビル（アフヴァーズ）
009 タブリーズ
010 アルダビール

【北京 - まちごとチャイナ】

001 はじめての北京
002 故宮（天安門広場）
003 胡同と旧皇城
004 天壇と旧崇文区
005 瑠璃廠と旧宣武区
006 王府井と市街東部
007 北京動物園と市街西部
008 頤和園と西山
009 盧溝橋と周口店
010 万里の長城と明十三陵

【天津 - まちごとチャイナ】

001 はじめての天津
002 天津市街
003 浜海新区と市街南部
004 薊県と清東陵

【上海 - まちごとチャイナ】

001 はじめての上海
002 浦東新区
003 外灘と南京東路
004 淮海路と市街西部
005 虹口と市街北部
006 上海郊外（龍華・七宝・松江・嘉定）
007 水郷地帯（朱家角・周荘・同里・甪直）

【河北省 - まちごとチャイナ】

001 はじめての河北省
002 石家荘
003 秦皇島
004 承徳
005 張家口
006 保定
007 邯鄲

【江蘇省 - まちごとチャイナ】

001 はじめての江蘇省
002 はじめての蘇州
003 蘇州旧城
004 蘇州郊外と開発区
005 無錫
006 揚州
007 鎮江
008 はじめての南京
009 南京旧城
010 南京紫金山と下関
011 雨花台と南京郊外・開発区
012 徐州

【浙江省 - まちごとチャイナ】

001 はじめての浙江省
002 はじめての杭州
003 西湖と山林杭州
004 杭州旧城と開発区
005 紹興
006 はじめての寧波
007 寧波旧城
008 寧波郊外と開発区
009 普陀山

010 天台山
011 温州

【福建省 - まちごとチャイナ】

001 はじめての福建省
002 はじめての福州
003 福州旧城
004 福州郊外と開発区
005 武夷山
006 泉州
007 厦門
008 客家土楼

【広東省 - まちごとチャイナ】

001 はじめての広東省
002 はじめての広州
003 広州古城
004 天河と広州郊外
005 深圳（深セン）
006 東莞
007 開平（江門）
008 韶関
009 はじめての潮汕
010 潮州
011 汕頭

【遼寧省 - まちごとチャイナ】

001 はじめての遼寧省
002 はじめての大連
003 大連市街
004 旅順
005 金州新区

006 はじめての瀋陽
007 瀋陽故宮と旧市街
008 瀋陽駅と市街地
009 北陵と瀋陽郊外
010 撫順

【重慶 - まちごとチャイナ】

001 はじめての重慶
002 重慶市街
003 三峡下り（重慶〜宜昌）
004 大足

【香港 - まちごとチャイナ】

001 はじめての香港
002 中環と香港島北岸
003 上環と香港島南岸
004 尖沙咀と九龍市街
005 九龍城と九龍郊外
006 新界
007 ランタオ島と島嶼部

【マカオ - まちごとチャイナ】

001 はじめてのマカオ
002 セナド広場とマカオ中心部
003 媽閣廟とマカオ半島南部
004 東望洋山とマカオ半島北部
005 新门岸とタイパ・コロアン

【Juo-Mujin（電子書籍のみ）】

Juo-Mujin 香港縦横無尽
Juo-Mujin 北京縦横無尽
Juo-Mujin 上海縦横無尽

【自力旅游中国 Tabisuru CHINA】

001 バスに揺られて「自力で長城」
002 バスに揺られて「自力で石家荘」
003 バスに揺られて「自力で承徳」
004 船に揺られて「自力で普陀山」
005 バスに揺られて「自力で天台山」
006 バスに揺られて「自力で秦皇島」
007 バスに揺られて「自力で張家口」
008 バスに揺られて「自力で邯鄲」
009 バスに揺られて「自力で保定」
010 バスに揺られて「自力で清東陵」
011 バスに揺られて「自力で潮州」
012 バスに揺られて「自力で汕頭」
013 バスに揺られて「自力で温州」

【車輪はつばさ】
南インドのアイラヴァテシュワラ寺院には建築本体に車輪がついていて寺院に乗った神さまが人びとの想いを運ぶと言います。

・本書はオンデマンド印刷で作成されています。
・本書の内容に関するご意見、お問い合わせは、発行元の
　まちごとパブリッシング info@machigotopub.com までお願いします。

まちごとアジア
バングラデシュ003バゲルハット（クルナ）
〜密林にたたずむ「モスク都市」[モノクロノートブック版]

2017年11月14日　発行

著　者	「アジア城市（まち）案内」制作委員会
発行者	赤松　耕次
発行所	まちごとパブリッシング株式会社 〒181-0013　東京都三鷹市下連雀4-4-36 URL http://www.machigotopub.com/
発売元	株式会社デジタルパブリッシングサービス 〒162-0812　東京都新宿区西五軒町11-13 清水ビル3F
印刷・製本	株式会社デジタルパブリッシングサービス URL http://www.d-pub.co.jp/

MP067

ISBN978-4-86143-201-9 C0326　　　　Printed in Japan
本書の無断複製複写（コピー）は、著作権法上での例外を除き、禁じられています。